Publications de L'INFORMATEUR PARLEMENTAIRE
12, rue de la Grange-Batelière, Paris.

GUSTAVE LHOPITEAU

SÉNATEUR.

LA QUESTION DES LOYERS

au point de vue démocratique

SOMMAIRE

§ I. *Le moratorium et les conséquences de l'intervention de l'Etat.*
§ II. *Les petits propriétaires.*
§ III. *Le Crédit Foncier.*
§ IV. *Les entreprises d'assurances et de prévoyance sociale.*
§ V. *Les établissements de bienfaisance.*
Les mineurs et les incapables.
§ VI. *La crise immobilière à craindre.*
§ VII. *Conclusions.*

PRIX : 2 FRANCS

PARIS
LIBRAIRIE FÉLIX ALCAN
108, Boulevard Saint-Germain

1916

LIBRAIRIE FÉLIX ALCAN

EXTRAIT DU CATALOGUE

Afrique du Nord (L'), par Augustin Bernard, J. Ladreit de Lacharrière, Camille Guy, André Tardieu, René Pichon. Conférences de la Société des anciens élèves de l'Ecole des Sciences politiques. 1 vol. in-8 avec cartes hors texte.......................... 5 fr. 50

ARNAUNE. Le commerce extérieur et les tarifs de douane. 1 vol. in-8 .... 8 fr. »

AUGIER (Ch.) et MARVAUD (A.). La politique douanière de la France dans ses rapports avec les autres Etats. Préface de Klotz, 1 vol. in-8.................................... 7 fr. »

BERNARD (Augustin). Le Maroc. 3° édition revue, 1915. 1 vol in-8 avec cartes.. 5 fr. »

BRUNACH (F.), Le centre de l'Afrique. Autour du Tchad. 1 vol. in-8, avec grav... 6 fr. »

BUSSON, FEVRE et HAUSER. Notre empire colonial. 1 vol. in-8 avec 108 gravures et cartes............................. 5 fr. »

CHALLAYE (F.), Le Congo français, 1 vol. in-8......... 5 fr. »

DRIAULT (Ed.). La Question d'Extrême-Orient, 1 vol. in-8   7 fr. »

Forces productrices de la France (Les). Conférences de la Société des anciens élèves de l'Ecole des Sciences politiques. 1 vol. in-16 .... 3 fr. 50

CAFFAREL (P.), La politique coloniale française de 1789 à 1830. 1 vol. in-8.. 7 fr. »

— **Les colonies françaises.** 6° édition revue et augmentée. 1 vol. in-8 .... 5 fr. »

GENTIL (L.).Le Maroc physique. 1 vol. in-16, avec cartes dans le texte .... 3 fr. 50

HUBERT (L.).L'Eveil d'un monde : L'œuvre de la France en Afrique occidentale. 1 vol. in-16............................... 3 fr. 50

LANESSAN (J.-L. de). La Tunisie, 2° édition, avec une carte en couleurs (paraîtra le 1er octobre 1916). 1 vol. in-8....... 5 fr. »

LEROY-BEAULIEU (L.). De la colonisation chez les peuples modernes. 6° édition, 2 vol. in-8.......................... 20 fr. »

MONTEIL (le colonel).De Saint-Louis à Tripoli par le lac Tchad. Préface de E. de Vogüé, de l'Académie française, 1895, 1 vol. gr. in18, br. 20 fr. ; relié.......................... 28 fr. »

NOEL (Octave). Histoire du commerce extérieur de la France. 1 vol. in-8 .... 6 fr. »

PIOLET (J.-B.). La France hors de France : De notre émigration ; sa nécessité, sa condition, 1 vol. in-8.............. 10 fr. »

SCHEFER (Christian). La France moderne et le problème colonial (1815-1830), 1 vol. in-8.................................. 7 fr. »

Publications de L'INFORMATEUR PARLEMENTAIRE
12, rue de la Grange-Batelière, Paris.

GUSTAVE LHOPITEAU

SÉNATEUR.

LA QUESTION DES LOYERS

au point de vue démocratique

SOMMAIRE

PRIX : 2 FRANCS

PARIS
LIBRAIRIE FÉLIX ALCAN
108, Boulevard Saint-Germain

—

1916

Le moratorium et les conséquences

de l'intervention de l'État

Quel que soit le projet définitivement adopté par le Parlement pour régler la question des loyers, que ce soit le projet voté par la Chambre des députés ou le projet du Sénat, ou un projet transactionnel, la propriété foncière aura un gros sacrifice à supporter.

— Tant pis ! disent les socialistes, c'est la conséquence de la guerre ; les propriétaires subiront ainsi le sort commun, sans plus.

C'est là une première erreur qu'il importe de relever. Tout le monde n'aura pas perdu à la guerre. Il est déjà une catégorie de gens qu'on appelle les « nouveaux riches » et qui, honorablement ou non, auront édifié une fortune sur les malheurs de la patrie. Et je ne parle pas seulement ici d'hommes qui ont abusé de la situation, mais aussi d'autres qui simplement, tout naturellement et sans intrigue, ont été servis par les événements. Il en est des uns et des autres, même parmi les fournisseurs de la guerre, malgré le sens péjoratif que le vulgaire attache à cette qualification ; de même parmi les industriels, les commerçants et les agriculteurs.

Ce qu'a produit la guerre, c'est un déclassement des produits sur le marché ; la demande a décuplé pour les uns du jour au lendemain, tandis que l'offre des autres restait sans réponse. De très braves gens, très capables et très actifs, se sont ainsi trouvés ruinés sans aucune faute de leur part. D'autres, non moins hon-

nêtes, se sont, au contraire, enrichis plus qu'ils n'a-
vaient osé l'espérer, sans y avoir aucun mérite, même
pas celui de la prévision.

Répondre par un dédaigneux « tant pis ! » aux plain-
tes de ceux que la guerre aura ainsi ruinés, c'est sans
doute faire preuve d'un cœur peu charitable, surtout
dans un parti où l'on prétend monopoliser l'amour des
humbles et des déshérités de la fortune, mais c'est ex-
plicable si l'on veut exprimer par là que la collectivité
n'est pas tenue d'intervenir pour réparer des ruines et
compenser des pertes auxquelles elle a été tout à fait
étrangère et dont on ne peut lui imputer, dans la
moindre mesure, la responsabilité.

En est-il ainsi des pertes de loyers ? Evidemment
non.

Sans aucun doute, des loyers en grand nombre et
pour de fortes sommes seraient restés impayés même
si le Gouvernement n'avait pas édicté le moratorium,
et M. Viviani n'avait pas complètement tort lorsqu'il
disait à la tribune que le moratorium n'avait fait que
constater l'insolvabilité des locataires plutôt qu'il ne
l'avait créée. La guerre, surgissant tout à coup, au
moment où nous nous y attendions le moins, avait jeté
une telle perturbation dans les affaires que bon nombre de locataires, même consciencieux et respectueux
des engagements pris, se seraient trouvés dans l'impos-
sibilité absolue d'acquitter exactement leurs termes.
Les uns avaient été mobilisés ; les autres avaient été
obligés de cesser leur commerce faute de clients ;
d'autres enfin avaient vu se fermer devant eux les
usines qui leur fournissaient jusque-là les ressources
nécessaires à la subsistance de toute leur famille.
Pour ceux-là, en effet, le décret du 14 août 1914
n'a été que la consécration d'une situation préexis-
tante. Ils étaient nombreux sans doute, à Paris surtout
et dans les centres ouvriers, assez nombreux pour rendre nécessaire une mesure d'exception, pas assez cependant pour justifier une dérogation générale à la loi
des contrats.

Pour les autres, pour ceux dont la guerre n'avait que

fort peu modifié la situation, le moratorium créait une situation nouvelle — et c'est ce à quoi ne paraît pas avoir suffisamment réfléchi l'ancien président du Conseil. Il les dégageait purement et simplement d'engagements pris en toute liberté, ne subordonnant même pas la modification du contrat à la constatation d'une aggravation des situations personnelles. Sans avoir aucune preuve à faire, sans être tenue de fournir aucune justification, la foule des petits locataires se trouvait exonérée de plein droit de charges qu'elle avait acceptées et qu'elle aurait parfaitement pu acquitter dans la plupart des cas. On a beau être honnête homme et scrupuleux, on a beau tenir à la parole donnée, lorsque la loi elle-même vient vous offrir à domicile le moyen de se loger et d'abriter sa famille sans bourse délier, dites-moi comment on pourrait résister à la tentation ? Il faudrait une âme de Romain et de Romain des temps héroïques. Le décret-loi a fait taire tout naturellement des scrupules qui, sans cela, eussent tenaillé certaines consciences. Beaucoup de gens n'ont pas payé qui n'auraient pas manqué de le faire en l'absence de toute intervention gouvernementale.

Si seulement, au lieu de faire du moratorium la loi générale, on l'avait subordonné à la déclaration et à la justification d'une situation précaire, combien auraient hésité à faire cette déclaration et à tenter cette justification de misère ! Ceux-là pourtant se sont dispensés de payer leurs loyers tout comme les autres, pas seulement dans le peuple, pas seulement dans la « classe ouvrière », mais aussi dans la bourgeoisie, dans des milieux où l'on se targue pourtant d'une culture morale supérieure !

Le Gouvernement devait parer au plus pressé, nous objectera-t-on : soit, j'en veux bien convenir. Il était effrayé à la pensée que certains propriétaires pouvaient exercer des poursuites sans égard pour les circonstances ; il craignait des troubles dans la population parisienne. On pourrait discuter ; il n'est pas facile de concevoir un propriétaire appelant son locataire en justice de paix au cours des mois d'août, septembre et octobre de l'année 1914 ; il est encore moins vraisemblable de supposer que le juge eût, dans ces mois d'anxiété nationale, refusé les délais sollicités.

D'autre part, c'est à mon sens faire injure à la population parisienne, si nerveuse et si excitable soit-elle, que de craindre de sa part une agitation révolutionnaire en présence de l'ennemi. L'ancien président du Conseil devra bien l'avouer un jour, il a eu la hantise de la Commune, oubliant que nombre d'autres questions ont provoqué l'insurrection de 1871 : l'énervement provoqué par le siège de Paris et la manière dont fut conduite la défense de la capitale, l'incertitude au sujet du maintien du régime républicain, et surtout la suppression des trente sous par jour — ce qui, entre parenthèses, doit nous mettre en garde déjà maintenant sur les précautions à prendre en vue du retrait des allocations militaires.

Le Gouvernement de 1914 a manqué de sang-froid et de pondération, cela n'est pas douteux, et l'Histoire sera bien obligée de le constater. Mais encore peut-il plaider les circonstances atténuantes jusqu'en décembre. A partir de janvier 1915, il n'en est plus de même. Sans doute nul ne peut à cette époque prévoir que la durée des hostilités sera aussi longue qu'elle l'a été déjà et qu'elle menace d'être encore ; mais les fronts se sont fixés ; la guerre de siège a succédé à la guerre de mouvements et personne ne peut plus nourrir l'illusion d'un seul trimestre ni même d'un seul semestre d'hostilités.

On savait bien, d'autre part, que le moratorium des loyers, tel qu'il avait été décrété primitivement, ne pouvait être appliqué que pendant une très courte période. L'heure était venue d'aviser et de rétablir la situation. Sans doute il ne pouvait être question de restaurer complètement les rapports juridiques du temps de paix entre propriétaires et locataires. Nul homme raisonnable ne le pouvait concevoir et demander. Mais était-il donc impossible d'exiger le paiement de ceux qui avaient les ressources suffisantes pour le faire et de mettre fin à la campagne poursuivie ostensiblement et chaque jour plus étendue et plus généralisée contre la propriété foncière ?

Les défaillances se multipliaient parmi les locataires. Certains d'entre eux, comme les fonctionnaires dont le traitement était maintenu, comme les officiers retraités dont le rappel à l'activité avait doublé les ressources, n'avaient pas honte de refuser leurs quittances de loyer. Ils en tiraient même vanité, narguant le propriétaire souvent plus malheureux qu'eux-mêmes. Les agents d'affaires conseillaient ouvertement à leurs clients de s'abstenir de tout paiement. Dans certains immeubles, les locataires récalcitrants se réunissaient pour faire pression, au besoin par des menaces, parfois par des coups, sur les autres plus consciencieux qui continuaient d'acquitter leur dette trimestrielle.

Tout cela, le Gouvernement le savait, comme tout le monde d'ailleurs. Mieux que tout le monde il devait en dégager les conséquences et en prévoir les dangers. Qu'a-t-il fait ? Il s'est borné à proroger purement et simplement le moratorium d'août 1914 ; il l'a prorogé en janvier 1915, puis en avril, puis en juillet, puis en octobre, puis en décembre, puis en 1916. Sur les instances de la Commission sénatoriale des finances, il s'est résigné à apporter quelques modifications peu importantes aux dispositions primitives, mais il s'est obstinément refusé à les amender dans le sens du respect des contrats, sous le prétexte qu'une loi allait être incessamment votée.

Fin juillet 1916, la discussion du projet de loi dure encore et personne, dans le Gouvernement comme ailleurs, ne s'était jamais fait la moindre illusion à cet égard. Pourtant le moratorium est prorogé de trimestre en trimestre. Toujours s'accroît le nombre des quittances de loyer laissées en souffrance. Les propriétaires tirent la langue ; leurs chances de recouvrement diminuent au fur et à mesure que leurs créances augmentent ; certains d'entre eux sont réduits à l'emprunt, d'autres à la misère, au véritable dénuement.

Est-ce là le fait des pouvoirs publics ? Qui donc oserait le dénier sans faire preuve du plus audacieux et du plus inexcusable parti pris ? Et si les pouvoirs publics ont causé le mal ou, du moins, l'ont aggravé dans ces proportions, qui donc, sinon l'Etat, doit assumer la charge des réparations légitimes ? Poser une telle question, c'est simplement demander si la justice règne encore en France.

— Mais alors, m'objecteront encore ceux qui refusent toute indemnité aux propriétaires, vous avez le courage de prétendre que la collectivité doit faire des rentes à des millionnaires, à des privilégiés de la fortune ?

Mon Dieu, oui, j'ai ce courage, ou plutôt rétablissons la proposition sous son aspect réel : je dis que l'Etat doit indemniser tous ceux, même fortunés, qu'il a empêchés par son fait de recevoir leur dû. Je suis d'ailleurs, sur ce principe, en complet accord avec les législations de toutes les nations civilisées et aussi avec la « Déclaration des Droits de l'Homme », ce qui satisfait ma conscience, et ce qui devrait suffire, il me semble, à me prémunir contre le reproche d'être réactionnaire à outrance.

Les petits Propriétaires

D'ailleurs, il s'en faut, en réalité, que tous les propriétaires soient des millionnaires et des privilégiés de la fortune !

Si, dans l'imagination populaire, le pignon sur rue est demeuré le symbole de la richesse, cela tient à ce que les masses n'ont pas suivi l'évolution de la fortune dans le monde au cours de ce dernier siècle et qu'elles ne se sont pas encore rendu compte de l'énorme accumulation des valeurs mobilières.

Au surplus, ceux qui devraient avoir le plus à cœur de les informer des événements économiques ne paraissent pas s'y être employés beaucoup jusqu'ici, non pas qu'ils se complaisent dans l'erreur par haine de la vérité, mais uniquement parce que l'inaction est plus commode et moins fatigante que l'effort et qu'un préjugé qui sert tout naturellement certains intérêts électoraux est, pour certains, utile à conserver.

Le préjugé contre le propriétaire est de ceux-là. Il est profondément enraciné dans l'esprit des populations urbaines. Il paraît indestructible et il est facile à exploiter.

Pourquoi cette haine contre le propriétaire ?

Après tout, c'est un fournisseur comme un autre. Il fournit l'abri contre les intempéries et l'on ne peut nier que cet abri soit de première nécessité. Il y ajoute souvent la fourniture de l'eau et parfois celle du chauffage. S'il loue en meublé, il fournit également la jouissance des meubles. Comme le boulanger, le boucher, le crémier, comme tous les autres fournisseurs, en un mot, il a payé de ses deniers tout ce qu'il met à la disposition de ses locataires ; il a fait, pour eux qui ne l'auraient pas pu, l'avance d'un capital qu'il était libre d'employer comme tant d'autres en valeurs de Bourse ou en placements de tout repos qui ne lui eussent donné aucun souci. Il lui eût suffi, en ce cas, de détacher ses coupons à chaque échéance et de passer au guichet du Trésor ou d'une banque quelconque pour encaisser ses revenus sans avoir à entendre la moindre récrimination ni sans laisser aucune haine derrière lui.

Au lieu d'acheter de la rente sur l'Etat ou des obligations de chemins de fer, il a eu la fâcheuse idée d'acquérir un immeuble, une maison de rapport : et le voilà du coup catalogué « propriétaire », au sens péjoratif du mot, entraînant dans son sillon le cortège d'animosités que soulève sur son passage ce vocable dont on s'enorgueillissait sous Louis-Philippe, dont on se trouve confus aujourd'hui comme d'une tare.

Sans doute, en préférant la maison de rapport, le « propriétaire » entendait servir son propre intérêt ; il avait fait préalablement ses calculs, il avait comparé et il escomptait des avantages : augmentation de revenus ou tout au moins sécurité plus grande. Il n'a point fait acte de pur dévouement à ses concitoyens et je ne demande pas qu'on lui tresse des couronnes. Mais en se plaçant au point de vue général qui est le nôtre, la question n'est pas de savoir à quel mobile le « propriétaire » a obéi, mais bien s'il a assumé un rôle utile dans l'organisation sociale.

Qui l'oserait contester, à moins de nier en même temps l'utilité de tous les organismes les plus divers auxquels a donné naissance la vie en société ? Si l'industriel assemble les divers métaux qui constitueront pour vous le meuble ou l'outil d'usage courant, si le boulanger transforme en pain la farine qui ne serait pas facilement comestible à la sortie du moulin, le constructeur d'immeubles, lui, assemble les pierres et les matériaux qui offriront un abri à votre couvée. Comment, je vous le demande, peut-on lui dénier plus qu'aux autres son utilité sociale ? Tout seul, vous n'auriez pas pu fabriquer votre lit ni pétrir votre pain, mais vous auriez été tout aussi incapable de vous construire un logis.

Le propriétaire prélève sur vous une dîme pour ce

service rendu. Sans doute, mais les autres, industriels et commerçants, ne prélèvent-ils pas la dîme tout comme lui ? Et n'est-ce pas de toute justice, après tout, puisqu'ils ont pris de la peine pour vous rendre la vie plus facile et que toute peine mérite salaire ? L'abus ne peut être que dans l'âpreté excessive que certains mettent à s'enrichir aux dépens de leur prochain.

Nous y voilà, me dira-t-on. Les « propriétaires » ne sont-ils pas particulièrement âpres au gain ? Oui, je sais, « Monsieur Vautour ! » Les romanciers du dix-neuvième siècle l'ont stigmatisé d'un nom qui a vite fait son chemin dans l'esprit populaire et qui s'y est incrusté pour n'en plus sortir. Est-ce une raison pour condamner en bloc tous les possesseurs d'immeubles ? Il en est, certes, qui, en ces dernières années surtout, dans celles qui ont précédé la guerre, il en est qui ont incontestablement abusé de la situation du « marché locatif », si je puis ainsi dire, pour augmenter leurs revenus dans une proportion exagérée et pour imposer à leurs locataires, même les plus fidèles et les meilleurs, des conditions vraiment draconiennes et des prix manifestement excessifs. Ceux-là portent une lourde responsabilité dans la crise actuelle. Ils ont, sinon justifié, au moins provoqué les représailles ; ils ont fait naître dans l'esprit des locataires l'idée de revanche dont le texte voté par la Chambre des députés porte trop évidemment la marque.

Mais il en est d'autres que les propriétaires qui ont abusé de la situation antérieure à la guerre et des événements survenus depuis pour édifier une fortune trop rapide. La crise de « la vie chère » s'était déclarée avant les hostilités et si la plupart des causes en pouvaient être attribuées à des répercussions économiques toutes naturelles, l'âpreté au gain de certains intermédiaires n'y était pas tout à fait étrangère. Encore maintenant, pendant la guerre, le commerce de l'alimentation réalise des bénéfices inespérés. Et pourtant la masse qui lui verse chaque jour la majeure partie de ses gains et aussi des allocations militaires ne poursuit pas le commerçant de la même haine que le propriétaire, auquel elle n'apporte son tribut que deux fois ou quatre fois chaque année suivant les régions.

Il faut donc chercher ailleurs que dans l'amertume des paiements effectués ou dans le prélèvement de trop nombreux ou trop lourds tributs la cause de l'impopularité fort ancienne et persistante des « propriétaires ».

Rappelons-nous qu'autrefois, encore au commencement du siècle dernier, la richesse mobilière existait à peine. L'homme riche était celui qui avait des biens au soleil, biens ruraux ou biens urbains. Parmi ces derniers, les maisons de rapport, celles qu'on donne en location, s'étalent assez orgueilleusement ou assez lourdement au bord des chaussées pour attirer les regards et, avec les regards, l'envie des passants. Ce que la foule voit dans les propriétaires des maisons de rapport, ce qu'elle jalouse en eux, c'est la fortune, la fortune définitivement acquise à l'abri de toutes les fluctuations — au moins en apparence ; — c'est la possession calme, tranquille, en pleine sécurité, de la richesse sous sa forme la plus tangible.

Que la richesse soit souvent plus apparente que réelle, personne ne s'avise d'y penser. Si l'entrepreneur a dressé contre la maison des échafaudages, le passant suppute les améliorations à espérer des travaux et l'accroissement de revenus qu'elles vaudront au propriétaire ; il ne songe même pas aux mémoires dont il faudra acquitter le montant. Les créances hypothécaires sont inscrites dans un bureau où n'entrent que ceux qui pour eux-mêmes ou par profession ont besoin d'être renseignés ; elles ne sont pas gravées sur le fronton de l'immeuble et restent toujours insoupçonnées du plus grand nombre. Et puis, au temps où nous vivons, plus que jamais auparavant, il faut compter avec la concurrence même lorsqu'il s'agit de maisons de rapport. Chaque constructeur nouveau s'ingénie à découvrir des moyens d'augmenter le confort des immeubles neufs. Les amateurs s'y précipitent, délaissant les constructions anciennes et celles qui commencent à dater. Même du temps où il symbolisait la richesse, le propriétaire n'était pas exempt de tous risques, de toutes tribulations et de tous soucis.

Mais une transformation profonde s'est opérée ; les valeurs mobilières se sont multipliées. Sous forme de titres au porteur, elles passent avec rapidité et discrétion d'un patrimoine dans l'autre. Elles s'accumulent dans la même famille sans qu'aucun étranger le puisse soupçonner. Elles sont faciles à dissimuler aux créanciers et même aux agents du fisc — au moins pour un temps. Leur extrême mobilité permet d'en réaliser la valeur à la première alerte comme au premier besoin. Ce sont là des avantages qui devaient tout naturellement leur attirer les préférences des manieurs d'argent et des vrais capitalistes.

Qu'en est-il résulté ? C'est que les familles vraiment fortunées ne se sont plus attachées comme autrefois aux biens fonciers et qu'elles se sont constitué d'importants portefeuilles de titres mobiliers. Par contre, la possession des immeubles urbains s'est démocratisée, pour ainsi dire ; suivant l'heureuse expression de mon éminent collègue Aimond, la propriété immobilière est devenue une forme démocratique de la propriété. Elle est passée entre les mains de la bourgeoisie, de la petite bourgeoisie, des artisans et des commerçants enrichis, souvent même des ouvriers prévoyants et économes. Les vrais riches ne sont plus beaucoup « propriétaires » ; ils ont été remplacés dans cette fonction sociale par de plus humbles et de plus modestes ; mais le préjugé est resté attaché à l'immeuble.

Dans son remarquable rapport au Sénat sur le projet de loi relatif au moratorium des loyers, mon collègue Henry Chéron a donné des chiffres singulièrement démonstratifs. Il n'existe pas moins de 7 millions et demi de propriétaires fonciers en France à l'heure actuelle, dont 6 millions possèdent à la fois des propriétés bâties et non bâties. Six millions de Français ont donc pignon sur rue. Ce n'est plus, il s'en faut, le privilège d'une catégorie de citoyens ou d'une classe.

Aussi, la part de chacun est-elle assez modeste si l'on

prend des moyennes. Sur 8,794,000 maisons existant en France, il en est 5,992,000 (en nombre rond six millions) dont la valeur locative n'excède pas 500 francs. A Paris seulement les immeubles d'un produit égal ou inférieur à ce chiffre comptent pour les deux tiers dans le million de maisons d'habitation recensées en 1911 (exactement 1,034,782). Le simple énoncé de ces chiffres suffit à montrer combien il est inexact de prendre la propriété immobilière comme indice de la fortune.

Encore pourrait-on considérer comme un homme heureux le petit propriétaire foncier dont le revenu est liquide et assuré. Mais il s'en faut de beaucoup que tous soient dans ce cas ! Le montant des créances hypothécaires, pour le Crédit Foncier seulement, dépassait 2,600,000,000 avant la guerre. A quel chiffre s'élèvera-t-il dans les années qui suivront la fin des hostilités ? Il faut d'ailleurs y ajouter toutes les autres créances hypothécaires. Quel chiffre n'atteindront-elles pas alors que l'emprunt sera devenu la seule ressource des propriétaires privés de partie de leurs loyers pour entretenir leurs immeubles et combler le déficit des années de guerre ! On n'y peut songer sans éprouver des craintes malheureusement trop légitimes pour l'avenir de la propriété foncière. Mais tenons-nous-en au moment présent et aux chiffres d'avant la guerre.

Déjà nous en pouvons déduire que la situation des propriétaires d'immeubles, tenaillés d'un côté par le souci des échéances de leurs dettes hypothécaires et, d'autre côté, par la hantise des logements vacants, et aussi des locataires dédaigneux du terme, était loin d'être enviable.

Ajoutez à cela que, sans tenir compte, lui non plus, de la transformation qui s'est opérée dans la fortune publique, l'Etat est demeuré, jusqu'à présent au moins, obstinément attaché aux « quatre vieilles » qui sont pour le Trésor un instrument fiscal de tout repos, par l'accoutumance qu'on en a et aussi parce que les choses immuables sont plus commodes à atteindre que les personnes mobiles. La propriété bâtie continue donc à être frappée par l'impôt comme si elle était encore l'élément principal de la richesse. La réforme opérée en 1892, sur la proposition de mon regretté ami Terrier, de l'impôt de répartition en impôt de quotité a assuré, dans une certaine mesure, une plus équitable répartition du fardeau, mais il n'en a pas allégé le poids. En 1913, la propriété foncière bâtie apportait au budget de l'Etat, tant en principal qu'en centimes généraux, 191 millions, ainsi que l'indique M. Henry Chéron dans son rapport.

D'autre part les départements et les communes ne cessent d'augmenter le nombre des centimes additionnels, dont le produit constitue pour la plupart de ces collectivités la plus importante ressource. Qu'il s'agisse de combler l'insuffisance des recettes ordinaires, de doter le budget de la vicinalité, de subvenir aux dépenses extraordinaires, toujours il est fait appel à la contribution foncière. Et cette charge supplémentaire va sans cesse en augmentant ; il suffit pour s'en rendre compte de consulter sa feuille de contributions. Les départements se voient sans cesse imposer par la loi des charges nouvelles. Quant aux communes, il n'en est guère qui n'aient eu à construire une maison d'école, à installer le téléphone, à subventionner la construction d'une ligne de tramways... Bref, le montant des centimes départementaux et communaux avait atteint en 1914 la somme de 202 millions rien que pour la propriété bâtie.

La répercussion de ces charges porte-t-elle sur le locataire en amenant une augmentation correspondante du taux des loyers ? Il faut faire ici une distinction. A Paris ce n'est pas douteux et aussi dans quelques grandes villes. En province, d'une façon générale, si l'on fait entrer dans la moyenne les communes rurales, il y a plutôt baisse du prix des loyers. L'émigration des campagnes vers les villes restreint en effet chaque jour davantage la demande, alors que l'offre reste sensiblement constante si elle n'est pas en augmentation. Le petit propriétaire rural qui donne en location partie de sa maison se trouve donc pris entre une augmentation de charges et une diminution de son revenu.

Lorsqu'on arrête sa pensée sur les considérations qui précèdent, peut-on réellement continuer à opposer l'un à l'autre le propriétaire et le prolétaire ? Est-il raisonnable de généraliser et d'exciter le locataire à la haine de son propriétaire ? Il est beaucoup de propriétaires qui n'ont pas cessé d'être des prolétaires, dans le sens que la foule attache à ce mot. C'est énoncer une vérité évidente que de dire que bien des locataires sont plus fortunés ou moins malheureux que leurs propriétaires.

La conclusion nécessaire qui se dégage de ces diverses constatations, c'est qu'il est souverainement injuste et malhabile de la part de ceux qui se croient plus particulièrement désignés pour défendre les humbles de prendre parti sans réflexion, de flatter le préjugé populaire et d'engager d'une façon générale et sans faire les discriminations nécessaires la lutte des locataires contre les propriétaires. Il est des humbles parmi ces derniers et ces humbles ont droit à la même sollicitude que les autres humbles. Si l'on admet qu'au mépris de tous les engagements les loyers qui leur sont dus puissent ne pas leur être payés, on proclame par là même qu'ils peuvent être réduits à la misère par de plus fortunés qu'eux.

Si, les loyers n'ayant pas été payés par suite du moratorium et de l'intervention de l'Etat, celui-ci n'intervient pas pour réparer, sous forme d'indemnités, le mal qu'il a causé ou du moins considérablement aggravé, ce n'est pas seulement une catégorie restreinte et négligeable de citoyens qui sera lésée, c'est un grand nombre de familles qui auront été arbitrairement et injustement dépouillées de leurs droits les plus légitimes et souvent de leurs ressources les plus immédiatement nécessaires.

Comment ceux qui se flattent de faire preuve en toutes circonstances de sentiments démocratiques ont-ils pu se jeter ainsi tête baissée dans cette lutte ? Comment n'ont-ils pas vu que, la propriété foncière s'étant démocratisée, chercher à la ruiner c'est, à proprement parler, combattre la démocratie ?

Le Crédit Foncier

Il en est encore d'autres, plus nombreux et non moins intéressants que les petits propriétaires, dont le modeste avoir est menacé par le moratorium des loyers.

Si dans son ensemble la propriété immobilière s'est démocratisée, il en a été de même de certaines valeurs mobilières qui peu à peu se sont répandues dans les milieux populaires et ont pris place dans les patrimoines les plus modiques, jusque dans les bas de laine où elles ont remplacé les gros sous improductifs. De ce nombre sont les obligations du Crédit Foncier et, si l'on songe combien le Crédit Foncier serait menacé par une crise immobilière, on voit de suite quel intérêt il y a pour la masse des petits porteurs d'obligations à ce que la question des loyers soit équitablement réglée. A ce point de vue encore, elle se pose donc sous un aspect nettement démocratique.

Qu'est le Crédit Foncier ? C'est, à proprement parler, un simple intermédiaire entre les possesseurs ou constructeurs d'immeubles ayant besoin de capitaux et les petits épargnants en quête de placements de tout repos. Parce qu'il a été autorisé à recevoir des dépôts en compte courant et à consentir des avances sur ses propres obligations, on est porté à le confondre avec les grandes sociétés financières. Il en diffère pourtant essentiellement. Les Sociétés financières ont pour but exclusif le commerce d'argent pour leur propre compte, le Crédit Foncier, lui, se borne à rapprocher les capitalistes des emprunteurs. Sans doute il prélève une commission qui constitue, en même temps qu'une garantie pour les prêteurs, porteurs d'obligations, un bénéfice pour ses actionnaires, mais cette commission ne dépasse pas un taux limité à l'avance, tandis que les grandes banques cherchent tout naturellement à prélever sur leurs clients le plus lourd tribut possible à leur avantage.

Le taux d'intérêt des prêts du Crédit Foncier est fonction du taux d'intérêt des emprunts. Il ne doit pas dépasser de plus de 60 centimes 0/0 le taux que l'établissement est obligé de consentir au public pour le placement de ses obligations. Tel est le maximum légal ; en fait, la différence actuelle n'atteint pas ce maximum, à beaucoup près, puisqu'elle est réduite à 0 fr. 16 0/0. Ainsi quand les obligations étaient émises à 3 1/2 0/0, le taux de l'intérêt ne dépassait pas 3.66. On voit par là combien est faible l'écart dont se contente notre grand établissement de prêts immobiliers. L'allocation qu'il peut réclamer de l'emprunteur pour couvrir ses frais d'administration est également limitée et ne peut dépasser 0.60 0/0.

Le Crédit Foncier est-il donc un établissement d'Etat puisqu'il est si étroitement réglementé par la loi elle-même ? A proprement parler, non. Cette réglementation ne lui a été imposée que comme condition de l'autorisation qui lui a été donnée de se livrer à des opérations de prêts immobiliers d'une part et d'émissions d'obligations de l'autre. Elle fait partie de son statut organique ; elle est, pour ainsi dire, la rançon des avantages spéciaux qui lui ont été accordés pour la garantie et le recouvrement de ses créances, avantages exorbitants du droit commun tels que le droit de séquestrer les revenus des immeubles hypothéqués, la simplification des formalités de purge légale et des formalités de saisie immobilière.

Pourtant, si le Crédit Foncier n'est pas un établissement d'Etat, on peut dire qu'il lui est, pour ainsi dire, associé. Il englobe une somme si considérable d'intérêts nationaux que les pouvoirs publics ne pouvaient se désintéresser de son fonctionnement. Il est donc soumis au contrôle de l'Etat ; on peut même dire qu'il est soumis, dans une large mesure, à la direction de l'Etat puisque le contrôle ne s'exerce pas seulement après coup, mais qu'il est préventif. Le ministre des finances a, en effet, la nomination du gouverneur et des deux sous-gouverneurs sans la signature desquels aucune décision du Conseil d'administration ne peut être mise à exécution, eût-elle été prise par une énorme majorité de ses membres.

Cette demi-dépendance est justifiée par le rôle important que joue le Crédit Foncier dans le développement économique de la nation. C'est lui qui vérifie, par les évaluations préalables à chaque prêt, la valeur et le crédit de la propriété foncière en France. Il est le véritable régulateur du taux de l'intérêt, puisque, ainsi que nous l'avons vu, il proportionne strictement le taux de ses prêts au taux-du placement de ses obligations dans le public. Il facilite considérablement la construction des immeubles en amenant les capitaux vers les propriétaires par la mobilisation des créances hypothécaires et en donnant aux emprunteurs l'avantage très précieux d'une libération fractionnée et par là même infiniment moins lourde, en apparence tout au moins.

Aussi les opérations de prêts immobiliers se sont-elles développées depuis 1852 et se développent-elles encore dans de très grandes proportions. A l'heure actuelle, le montant des prêts hypothécaires consentis depuis l'origine dépasse 6 milliards 800 millions. Pour ne parler que des prêts hypothécaires, à l'exclusion des prêts consentis aux départements et aux communes, les chiffres de 1912 et de 1913 sont respectivement de 235 millions et de 295 millions et demi. Au 31 décembre 1915, les créances hypothécaires du Crédit Foncier dépassaient 2 milliards et demi.

Dans la seule Ville de Paris, 80 0/0 des immeubles sont grevés d'hypothèques au profit du Crédit Foncier dont la créance se chiffre par un milliard, suivant l'indication donnée par M. Aimond dans la séance du Sénat du 21 février 1915.

Toutes ces sommes ont été fournies non pas par les grandes banques et les grands capitalistes qui ne se contentent pas d'un produit aussi limité de leurs capitaux, mais par une masse de petits épargnants qui, ayant peiné pour amasser sou à sou quelques économies, recherchent avant tout la sécurité des placements. L'espérance de gagner un lot, véritable fortune pour l'heureux bénéficiaire, attire également nombre de gens vers les obligations foncières. Il y a actuellement en circulation 12,828,000 obligations réparties entre trois millions de porteurs environ.

Envisagez, d'une part, l'importance considérable des sommes avancées par le Crédit Foncier aux propriétaires de maisons de rapport et, d'autre part, la quantité d'obligations dont ces immeubles sont le gage et vous reconnaîtrez de suite que toute atteinte portée à la propriété menace de réagir, non pas seulement sur une catégorie plus ou moins restreinte de privilégiés de la fortune, mais sur un très grand nombre d'individus et sur quantité de familles dont la situation est des plus modestes.

Il ne faut pas perdre de vue, en effet, qu'il existe entre les annuités reçues par le Crédit Foncier et les intérêts qu'il paie à ses obligataires un parallélisme que fausserait bien vite le moindre écart dans un sens ou dans l'autre.

Pour le propriétaire d'un immeuble, sa valeur ne dépend pas uniquement du prix de revient ni du bénéfice qu'il en tire ; il peut s'y ajouter une valeur de convenance, des prévisions d'avenir lointain et nombre d'autres considérations purement personnelles ; pour le créancier hypothécaire, au contraire, le produit des locations est l'unique garantie ; la valeur du gage se traduit par le revenu annuel. C'est ce revenu déjà réalisé ou calculé d'après des prévisions minutieusement vérifiées qui a servi de base au prêt consenti par le Crédit Foncier. A ce revenu se mesure le crédit de l'immeuble. Sans doute ce crédit n'est jamais complètement épuisé puisque les prêts ne peuvent dépasser 50 0/0 de la valeur du gage ; mais les évaluations ne sont pas toujours confirmées par les événements et puis il faut tenir compte des aléas : dégradations, vacances de logements, défaillances de certains locataires, etc. Si, à ces risques dont il est normalement tenu compte, les pouvoirs publics viennent en ajouter d'autres que jamais on n'avait envisagés ni pu envisager au moment du prêt, l'équilibre risque d'être vite rompu.

Il est vrai que dans les deux projets de loi, celui du Sénat et celui de la Chambre des Députés, les exonérations de droit ne sont prévues que pour les logements d'un prix de location réduit, mais ce serait une erreur de croire que le Crédit Foncier s'intéresse uniquement aux constructions de grande valeur. Le montant des prêts qu'il consent s'abaisse parfois jusqu'à 300 francs. Même en s'en tenant à la moyenne qui ressort à 29,000 francs, on voit que ses avances se trouvent réparties entre des immeubles dont le revenu moyen ne dépasse pas 3,000 francs (58,000 francs de capital). La conclusion est que la moindre extension des exonérations de droit, à moins qu'elle ne soit compensée par une indemnité de l'Etat, aurait une répercussion immédiate sur la rentrée des annuités, unique ressource qui permette de faire face au service des intérêts des obligations.

Lorsqu'il a pris ses engagements, le propriétaire emprunteur se basait sur le revenu acquis ou probable de son immeuble. Si ce revenu vient à lui manquer, par le fait des pouvoirs publics eux-mêmes, sur la protection desquels il se croyait légitimement en droit de compter, comment pourra-t-il faire honneur à sa signature ? Aussi sur 200 millions que devaient lui apporter les semestres d'annuités venus à échéance en 1915, le Crédit Foncier n'a-t-il touché que 88 millions, soit un déficit de 112 millions. Si le Conseil d'administration ne s'était attaché depuis la fondation à constituer des réserves importantes, il risquerait de se trouver un jour embarrassé pour compenser avec les recettes le service de ses obligations.

Qui en souffrirait alors ? Est-ce une ploutocratie restreinte de propriétaires que certains poursuivent d'une haine aussi peu raisonnée que nuisible aux intérêts généraux du pays ? Non ; ce serait en réalité les trois millions de petits porteurs d'obligations qui ne sont pas, ceux-là, des usurpateurs de la fortune, mais de modestes ouvriers, d'humbles artisans, des petits commerçants, des cultivateurs et des ouvriers agricoles, tous ceux, en un mot, qui constituent la masse laborieuse et prévoyante de la nation et qui lui assurent, avec leur pondération habituelle d'esprit, sa belle santé morale et sa force.

Les entreprises d'assurances
et de prévoyance sociale

La petite épargne ne se dirige pas seulement vers le Crédit Foncier. Les Compagnies d'assurances ont dans les milieux populaires une clientèle déjà nombreuse et qui se développe tous les jours. De même les Sociétés de capitalisation.

Les unes et les autres sont un puissant stimulant à l'épargne. A ce titre elles ont rendu et rendent encore de précieux services non seulement aux particuliers mais à la nation elle-même en développant les sentiments de prévoyance dans les masses ouvrières des villes qui, plus exposées que les ruraux aux tentations de dépense, doivent faire un plus sérieux effort pour économiser et assurer l'avenir.

Or, toutes les entreprises d'assurances et de prévoyance sociale, quelle que soit la forme sous laquelle elles se sont constituées, sont menacées par la crise des loyers, comme le faisait si justement remarquer M. Aimond à la tribune du Sénat le 22 décembre 1915.

Leurs capitaux sont, en effet, employés en placements hypothécaires ou en acquisitions d'immeubles, et cela non pas par le libre choix de leurs administrateurs, mais en vertu de dispositions légales qui ont restreint leur liberté et ont indiqué limitativement les divers modes d'emploi.

Les pouvoirs publics ne pouvaient pas, en effet, rester indifférents au drainage des capitaux qu'opèrent dans la France entière les Sociétés de ce genre dont les opérations sans cesse croissantes se chiffrent par milliards. Ils ne pouvaient non plus laisser sans protection la foule de leurs clients, de condition généralement modeste, éloignés souvent de tout centre de renseignements, qui auraient pu devenir les victimes de gens sans scrupule ou simplement incapables. Si on l'avait laissé possible, un krach même limité des institutions d'assurances et de capitalisation aurait porté un coup funeste aux idées de prévoyance en plein développement, on peut dire en plein épanouissement.

Sans doute rien de tel n'était à craindre de la part des puissantes Compagnies d'assurances, fondées depuis de longues années, et administrées par les personnalités les plus considérées et les plus compétentes, Compagnies dont le fonctionnement a depuis longtemps fait ses preuves ; sans doute les Sociétés de capitalisation existantes offraient toutes garanties ; mais si l'on n'y eût paré, si certaines précautions n'avaient été prises, il était à craindre que, s'abritant derrière celles-ci et profitant du crédit qu'elles ont acquis, d'autres entreprises moins sérieuses ne se créent pour attirer à elles une clientèle trop confiante.

Les intérêts à protéger étaient si nombreux et ils se chiffraient par des sommes si considérables que la question dépassait la limite des intérêts particuliers et qu'elle devenait vraiment une question d'intérêt national. Aussi la loi est-elle intervenue pour imposer aux diverses Sociétés des garanties qui donnent toute sécurité à leurs clients.

La première de ces garanties fut tout naturellement cherchée dans les placements immobiliers. C'est une opinion ancienne et bien ancrée chez nous, justifiée jusqu'à présent du reste, que ces placements sont les plus sûrs. Aussi le décret du 9 juin 1906, pris en exécution de la loi du 17 mars 1905, ordonne-t-il que l'actif des Compagnies d'assurances devra être employé en prêts hypothécaires sur la propriété urbaine bâtie en France et, dans la proportion de deux cinquièmes au maximum, en acquisitions d'immeubles situés en France ou en Algérie. La loi du 19 décembre 1907 impose un régime identique aux Sociétés de capitalisation.

En supposant que nous soyons décidés à rompre avec le principe d'égalité qui est à la base de notre droit civil et que nous avions considéré jusqu'ici comme une des plus précieuses conquêtes de la Révolution, en supposant que le Parlement consente à diviser les citoyens et les personnes morales en catégories distinctes, arbitrairement composées d'ailleurs, et à leur mesurer la protection de la loi en proportion inverse de leurs ressources réelles ou apparentes, peut-on classer les entreprises d'assurances et d'épargne au nombre de ces puissantes Sociétés dont le but est de spéculer sur les propriétés immobilières au préjudice des locataires et de prélever ainsi un tribut excessif sur les pauvres diables ? La réponse vient d'elle-même à l'esprit le plus prévenu, puisque ce n'est pas par une décision de leur libre arbitre, mais par une prescription impérative de la loi que ces entreprises ont immobilisé leurs capitaux en placements hypothécaires et sont devenues propriétaires de maisons de rapport.

Au surplus, ce ne sont pas seulement leurs administrateurs et leurs actionnaires, plus ou moins fortunés, qui sont intéressés à ce que les loyers moratoriés soient payés soit par les débiteurs, soit par l'Etat sous forme d'indemnité totale ou partielle, c'est une innombrable quantité d'assurés dont les versements représentent un lourd effort de travail et une notable partie de l'épargne française.

A ce point de vue, les chiffres qui suivent sont suffisamment éloquents, d'autant plus qu'ils ne peuvent être contestés, ayant été extraits du Rapport officiel publié par le Ministère du Travail et de la Prévoyance sociale sur le fonctionnement du contrôle des Sociétés d'assurances sur la vie et des Sociétés de capitalisation.

L'actif total des Sociétés françaises d'assurances, anonymes et mutuelles, approche tout près de 3 milliards, exactement 2,912,424,000 francs.

Il faut y ajouter l'actif des Sociétés étrangères autorisées à opérer en France, au moins pour ce qui concerne les capitaux français qui leur ont été confiés et qui s'élèvent à 334,215,000 francs.

Le total atteint ainsi 3,246,639,000 francs, ce qui constitue une fraction déjà imposante de la fortune publique en France.

653,957,000 francs ont été employés en acquisitions d'immeubles bâtis.

202,843,000 francs ont été placés en créances hypothécaires également sur des immeubles bâtis.

Ce sont donc les revenus de 856,300,000 francs qui, par le moratorium des loyers, peuvent se trouver compromis dans une proportion qui ne peut être dès maintenant déterminée mais qui menace d'être importante. Pour s'en rendre compte, il suffit de considérer que certaines Sociétés d'assurances n'ont, jusqu'à présent, encaissé que 75 0/0 des loyers bourgeois, 35 0/0 seulement des petits loyers et 35 0/0 des intérêts des créances hypothécaires.

Or, ces revenus sont destinés à servir les rentes déjà acquises et à constituer les rentes à servir plus tard. C'est la seule garantie des assurés, à moins qu'on ne veuille entamer les réserves.

Assurés et rentiers réunis atteignent le chiffre total de 973,223. Près d'un million de Français ! et de petits épargnants pour la plupart ! On ne peut vraiment dire qu'il s'agit là des intérêts d'un petit nombre de privilégiés.

La moyenne du capital assuré ne dépasse pas 7,624 francs par contrat. C'est l'effort de toute une vie de travail.

Pour les contrats viagers, la moyenne des rentes est de 707 francs.

De pareils chiffres, si modestes, montrent suffisamment qu'il s'agit là de très humbles épargnants, dont toutes les économies sont ainsi engagées. Qu'une imprudence législative vienne compromettre en tout ou en partie le paiement des capitaux assurés et le service des rentes viagères, et voilà toute une catégorie de nouveaux clients pour l'Assistance Publique. La collectivité pourra d'autant moins en décliner la charge que leur ruine aura été vraiment l'œuvre du législateur.

Les clients des Sociétés de capitalisation viennent s'ajouter à ceux des Compagnies d'assurances, et ils sont plus nombreux encore, pas moins d'un million et demi.

Leur gage immobilier est constitué par 68 millions d'immeubles en propriété et 75 millions de créances hypothécaires, acquisitions et placements effectués, rappelons-le encore, en exécution de la loi.

Ces immeubles ne sont pas tous situés dans des quartiers riches, quoi qu'on en ait dit au Sénat. Un grand nombre d'entre eux sont dans des quartiers ouvriers, affectés aux petits logements. Le texte voté par la Chambre des députés en supprime presque totalement les revenus, d'un trait de plume, et sans indemnité. Le texte voté par le Sénat diminue ces revenus dans une proportion considérable et en n'indemnisant les propriétaires que de la moitié de leurs pertes.

Pour les immeubles situés dans les quartiers riches, les pertes à prévoir seront plus ou moins considérables suivant la jurisprudence qui sera adoptée par les Commissions arbitrales et aucune compensation n'est prévue ni dans un texte ni dans l'autre. La seule chose que l'on puisse espérer, c'est que ces Commissions ne se laissent pas entraîner par un sentiment de bienveillance excessive au delà des limites de l'équité.

Or l'équité commande, avant de prendre une décision, de considérer et de peser tous les intérêts en présence et pas seulement certains d'entre eux. Les locataires doivent être traités avec ménagements sans aucun doute, mais ne faut-il pas, d'autre part, tenir compte du péril qu'engendreraient des exonérations trop largement étendues ? Ces loyers sur la rentrée desquels devaient compter les Sociétés de capitalisation, ils devaient être affectés au paiement des capitaux promis à leurs clients. C'est la loi elle-même qui leur avait donné cette destination. S'ils ne peuvent être recouvrés, comment les engagements pris pourront-ils être tenus et comment les capitaux seront-ils payés ?

Voilà donc un million et demi de Français qui, de ce côté encore, se trouvent menacés.

S'agit-il au moins de familles riches, ou simplement aisées, qui peuvent, sans côtoyer la misère, supporter une perte de cette nature ? Ce n'est généralement pas dans les familles riches que se recrutent les clients des Sociétés de capitalisation, mais presque exclusivement parmi les petits commerçants, les artisans, les travailleurs urbains et les ouvriers agricoles. Les chiffres des contrats varient de 100 à 1,000 francs et donnent lieu pour la plupart à des versements mensuels dont la moyenne est inférieure à 5 francs.

Ici encore, n'est-ce pas la véritable démocratie dont les intérêts sont en jeu ?

Les Établissements de bienfaisance

Les Mineurs et les incapables

Traitant la question des loyers en envisageant uniquement ses répercussions sur les patrimoines les plus modestes, je devais tout naturellement m'étendre sur la situation qui pouvait être faite aux obligataires du Crédit Foncier et aux clients des diverses Sociétés d'épargne et de capitalisation parce que c'est vers ces placements que se dirige plus généralement la petite épargne. Mais d'autres institutions sont menacées qui ont assumé la protection d'une clientèle plus humble encore : ce sont les établissements de bienfaisance.

En consultant les statistiques, je pourrais apporter ici encore des chiffres impressionnants aussi bien quant à la somme des intérêts en péril que quant au nombre des intéressés. Est-ce bien nécessaire ? Personne n'ignore que la plupart des fondations récentes ou anciennes, surtout les anciennes, comprennent un grand nombre d'immeubles bâtis dont les revenus sont destinés soit à assurer les soins aux malades, soit à entretenir dans les hospices et les orphelinats des lits de vieillards indigents, d'aveugles, d'incurables ou d'enfants.

. Les loyers à recouvrer constituent souvent, non pas seulement un appoint, mais une part importante des ressources annuelles d'un grand nombre d'établissements de bienfaisance. Combien de budgets déjà difficilement équilibrés dans les circonstances normales vont se trouver en déficit certain si les locataires des fondations obtiennent l'exonération sans que la collectivité intervienne pour une réparation même partielle !

Je ne voudrais pas dramatiser la situation ni parler

ici de l'exode lamentable des miséreux qui ne pourraient plus être hospitalisés. Aucun d'eux ne sera mis dehors, c'est entendu. Les communes, les départements et l'Etat, sans compter la charité privée, feront le nécessaire pour qu'aucune misère ne cesse d'être secourue. Les soins indispensables seront assurés, soit, mais il n'en résultera pas moins des privations douloureuses pour des malheureux plus intéressants encore à coup sûr que les locataires exonérés, si intéressants qu'on les suppose.

Au nombre des institutions de bienfaisance on peut placer les Sociétés d'habitations à bon marché. Quelque soin qu'on ait pris de ménager l'amour-propre des ouvriers que l'on cherche à y attirer, leur caractère de bienfaisance ne saurait échapper à personne. La collectivité intervient en effet sous forme d'avances de fonds et de réduction d'intérêts, si bien que les familles abritées par les maisons ouvrières sont véritablement des familles assistées.

Là encore le fonctionnement de l'œuvre est subordonné au paiement des loyers ou des annuités. Si les paiements cessent en totalité ou en partie, comment les entrepreneurs seront-ils désintéressés ? Comment l'entretien sera-t-il assuré ?

Les projets discutés tant à la Chambre qu'au Sénat ont laissé non résolue cette importante question. Une fois de plus la difficulté a été reportée. Il faudra bien pourtant qu'on arrive à la surmonter et, dès maintenant, la solution apparaît comme extrêmement délicate.

En tout cas, il convient de noter cette autre répercussion de la générosité globale et irréfléchie qui a inspiré les décrets de moratorium. On a découvert Pierre pour couvrir Paul sans prendre au préalable le soin d'étudier la situation de Pierre, sans voir que, dans la plupart des cas, elle était au fond plus précaire ou plus vraiment intéressante que celle de Paul.

Enfin, a-t-on songé aux mineurs, aux incapables et aux femmes dotales auxquels la loi a imposé l'emploi ou le remploi en immeubles de leurs capitaux libres ?

Et cela par faveur spéciale, par mesure de protection !
Le législateur remplit de singulière façon son rôle de
protecteur lorsqu'il intervient lui-même pour enlever à
ses protégés les revenus de leur gage !

Les femmes dotales ne paraîtront sans doute pas très
dignes d'intérêt puisque leur dot implique une aisance,
sinon la fortune. Je pourrais discuter et dire que dans
les régions de régime dotal certaines dots énumérées
au contrat de mariage comprennent souvent le petit
trousseau de la fille d'ouvrier pour tout apport ou de
bien modestes économies gagnées sou à sou par le travail chez autrui. Mais je tiens trop à ce que ma thèse
échappe à toute discussion et j'abandonne les femmes
dotales.

Il me reste les mineurs et les incapables ; disons
simplement les mineurs, car c'est tout un. Ceux-là, personne ne me les contestera, je suppose. Or, combien dont
le patrimoine plus que modeste a été, par la contrainte
de la loi, employé en acquisitions d'immeubles ! Il en
est dont les tuteurs n'ont rien touché ou presque rien
depuis le mois d'août 1914. Ces tuteurs sont eux-mêmes
de situation très humble, subvenant à leurs besoins
par leur travail journalier et y subvenant tout juste.
Leur demander de faire des avances à leurs pupilles
serait une amère raillerie. Voyez quelle serait la situation de ceux-ci dans le cas où les loyers qui leur sont
dus ne pourraient être recouvrés !

La crise immobilière à craindre

J'ai examiné jusqu'ici les répercussions immédiates du moratorium des loyers sur les tout petits épargnants et même sur les miséreux, mais il est des répercussions futures qui ne peuvent échapper à personne, au législateur et au Gouvernement moins qu'à tous autres, puisque gouverner c'est prévoir.

En 1901, il y avait 26,633 appartements vacants à Paris.

En 1912, le nombre en était réduit à 8,327.

En 1913, il était tombé à 7,337.

Qu'est-ce à dire, sinon que les disponibilités d'abris pour les familles avaient diminué considérablement au cours de la décade précédant la guerre et que le jeu des vacances menaçait de ne plus suffire à satisfaire aux demandes.

Par voie de conséquence, une activité très grande s'était manifestée dans l'industrie du bâtiment. De nombreux et importants immeubles, maisons de rapport pour la plupart, étaient édifiés à la hâte et, à peine construits, ils étaient occupés.

Cette multiplication des nouveaux logements demeurait pourtant encore fort au-dessous des besoins, aussi les prix de location ne cessaient-ils de croître et de s'élever. Ils avaient dépassé, il faut bien le dire, à Paris tout au moins (nous ne parlons ici que de Paris), ils avaient dépassé la limite normale et raisonnable, et les récriminations se faisaient vives et pressantes. Ce fut le point de départ d'une nouvelle croisade contre les propriétaires et c'est la raison derrière laquelle s'abritent encore aujourd'hui tous ceux qui préconisent contre eux la violation des principes de justice consacrés par notre Code civil. Qu'il y ait eu des abus de la part de certains d'entre eux, cela n'est pas contestable, je l'ai dit plus haut. Ce que, pour mon compte, je leur reproche le plus vivement, c'est l'exclusion systématique des enfants, même avant d'avoir pu se rendre compte de leur bonne ou mauvaise éducation. Quant aux prix de location, peut-être la campagne eût-elle été moins vive si ceux qui l'ont menée avaient pris la peine de réfléchir.

La loi de l'offre et de la demande régit cette matière comme toutes les autres. Les loyers augmentaient parce qu'il n'y avait pas assez de logements pour tous ceux qui en cherchaient. Telle est la vraie raison, unique et suffisante, et elle échappait à l'action des propriétaires comme à celle des locataires. Nulle manœuvre de la part des uns ou des autres n'aurait pu modifier, ni dans un sens ni dans l'autre, le cours des loyers. L'augmentation venait s'offrir d'elle-même aux propriétaires. Pouvait-on exiger d'eux qu'ils la refusent ? On leur reproche cependant, et avec violence, de n'avoir point repoussé les offres qui affluaient et qui avaient pour conséquence d'augmenter leurs revenus. Est-ce raisonnable ? Je le demande en toute sincérité. Là pourtant est le litige pour qui veut bien examiner les choses sans passion ni parti pris.

Il y avait un moyen infaillible de ramener les prix de location à un taux raisonnable ; c'était d'augmenter le nombre des appartements à louer. On s'y appliquait avant la guerre et les choses allaient rondement, nous venons de le dire. Espère-t-on qu'il en sera de même après ?

Déjà le manque de main-d'œuvre et l'énorme augmentation du prix des matériaux constituent deux obstacles difficiles à surmonter. Que sera-ce si l'on y ajoute la suppression des garanties légales qui jusqu'ici donnaient toute sécurité aux propriétaires pour le recouvrement de leurs loyers ? Ceux auxquels le moratorium aura imposé des pertes n'auront plus les ressources nécessaires pour entreprendre d'autres constructions ou, au moins, ils seront découragés. Les autres se risqueront-ils ? Ne craindront-ils pas que cette première brèche aux principes soit suivie de quelques autres ? Sans doute, elle était motivée par la guerre et, heureusement, la guerre est un événement tout à fait exceptionnel que nous espérons bien écarter pour longtemps. Mais ne se présentera-t-il pas d'autres circonstances que l'on sera tenté encore de qualifier d'exceptionnelles pour trouver dans cette qualification un nouveau prétexte à s'écarter du droit ? Justifiée ou non, cette crainte hantera l'esprit de certains entrepreneurs, qu'on le veuille ou non. Et alors le mouvement de construction active va s'arrêter de lui-même, les demandes de locations continueront à dépasser notablement les offres. Les prix augmenteront encore tout naturellement. Qui en souffrira ?

On voit ainsi, une fois de plus, combien la haine est mauvaise conseillère et combien il serait désirable de peser les conséquences possibles avant de provoquer un mouvement populaire ou simplement de s'y abandonner.

Les répercussions économiques déjouent les prévisions superficielles. Elles échappent d'ailleurs à la volonté de ceux qui prétendent en déterminer l'amplitude et en diriger les effets.

Voyez où l'on peut être conduit avec les meilleures intentions : les législateurs, émus uniquement de la situation présente, se précipitent pour y apporter le remède qui leur tombe sous la main et voilà que leur empressement, mal calculé, va provoquer un nouveau mal. Les locataires se trouvent gênés pour acquitter le montant de leurs loyers, on leur en évite la peine en leur faisant donner quittance par la loi elle-même. C'est simple, c'est même simpliste. Mais, du même coup, on arrête les constructions qui allaient leur apporter un allégement pour l'avenir. Ils vont être exonérés pour trois années, mais pendant dix, quinze ou vingt années à venir, ils devront payer plus cher. Quel sera leur bénéfice ? Il est fort à craindre qu'il soit négatif.

La conséquence est que, là encore, la démocratie est

menacée. Et elle l'est par ceux-là mêmes qui s'imaginent lui venir en aide !

Cette conséquence s'impose comme manifestement inévitable et c'est en vain qu'on s'ingénierait à l'écarter. M. Laval lui-même n'a pas tenté de le faire, pas plus que ses amis politiques d'ailleurs. Dans la séance du 3 février dernier, il indiquait un moyen d'y remédier, c'était de faire construire par la Ville de Paris quantité d'habitations ouvrières. Cette solution n'est que le développement des principes socialistes. Elle n'est pas entièrement contestable, même du point de vue individualiste, quelque regret qu'on en puisse avoir, car il faut bien que les collectivités suppléent à l'initiative des particuliers quand celle-ci vient à faire défaut. Mais la construction d'immeubles par les villes ne peut être généralisée et restera certainement une exception pour bien des motifs, dont les principaux sont la difficulté de trouver des capitaux insuffisamment rémunérés, le coût plus élevé des constructions entreprises par une administration, la gérance peu commode, la naturelle inclination des locataires d'une administration publique à s'abstenir de remplir envers elle leurs engagements, etc.....

Il n'y a donc là qu'une solution exceptionnelle et partielle ; dans la généralité, la crise immobilière reste à craindre avec les conséquences que nous avons indiquées, conséquences redoutables pour toute la foule des employés, des ouvriers, pour tous les modestes et les moins fortunés, en un mot, pour le prolétariat tout entier.

CONCLUSIONS

La limitation des exonérations
L'indemnité nécessaire

La première conclusion à tirer des observations qui précèdent est qu'il convient de se montrer très réservé en ce qui concerne les exonérations.

Eût-il été possible de les éviter et peut-on les refuser aujourd'hui ?

Une réponse détaillée à la première de ces questions nous amènerait à formuler des récriminations rétrospectives sans intérêt pratique. Nous nous bornerons donc à quelques observations très sommaires.

Lorsque, le 4 août 1914, le Gouvernement nous a invités à accorder aux familles des mobilisés une allocation majorée en proportion du nombre des enfants, il était bien stipulé que cette allocation devait suppléer à la portion du salaire que le soutien de famille mobilisé avait coutume de consacrer aux besoins des siens, le loyer s'y trouvait donc implicitement contenu.

Si l'on m'objecte que le taux de l'allocation était manifestement insuffisant pour cela dans les grandes villes et surtout à Paris, j'en tombe d'accord ; une augmentation s'imposait donc ; mais cette augmentation, une fois accordée, la question eût été définitivement réglée et les pouvoirs publics n'auraient pas eu à intervenir d'une façon spéciale dans le contrat de louage plus qu'il n'était intervenu dans les autres contrats. La collectivité acquittant ainsi d'un coup et intégralement la dette alimentaire que la mobilisation générale lui avait fait contracter envers les familles de ses défenseurs n'aurait pas eu à craindre l'effet de trop nombreuses poursuites de la part des propriétaires ni surtout l'expulsion de locataires privés de leur soutien indispensable.

Le moratorium des loyers devenait inutile. D'ailleurs les propriétaires se seraient trouvés soumis comme tous les autres créanciers à la nécessité d'une autorisation préalable à toute poursuite, ce qui eût constitué une garantie efficace et suffisante de la paix sociale. Pourquoi cette conception à la fois logique et simple n'a-t-elle pas germé dans l'esprit de nos gouvernants ? Il est permis de le regretter sans se montrer pourtant trop sévère dans la critique, car la situation était inquiétante et il leur fallait se décider d'urgence.

Ils ont décrété le moratorium. Le fait accompli s'impose à nous et personne ne saurait s'y soustraire. Force nous est donc de nous placer délibérément en face de la situation actuelle : loyers accumulés dont il est tout à fait impossible d'espérer le paiement. Dès lors, l'exonération s'impose.

Mais dans quelle limite ? Tout est là.

Parmi ceux qui se sont abstenus de payer leur loyer, il en est quantité qui auraient pu le faire sans s'imposer à eux-mêmes, ni sans imposer à leur famille aucune privation autre que celle de quelques distractions et de quelques aliments superflus (jamais les cinémas ni les pâtisseries n'ont réalisé pareils chiffres de recettes surtout dans la clientèle ouvrière). Ceux-là méritent-ils toute la bienveillance que leur a témoignée la Chambre dans le vote de son projet ? Le Sénat a apporté sur ce point une restriction sensible, et on ne peut cependant lui reprocher de ne pas s'être montré assez bienveillant. Il faut espérer que dans sa seconde délibération la Chambre, plus complètement éclairée et ayant mesuré plus attentivement les répercussions que nous avons signalées, voudra bien s'en tenir là et renoncer aux exonérations qui ne seraient pas rigoureusement justifiées.

Il reste alors les Commissions arbitrales. A vrai dire, le sort de la loi, le sort de nos finances et, comme je l'ai démontré, le sort de la démocratie prévoyante est entre leurs mains. Quelle sera leur jurisprudence ? Le Gouvernement leur adressera-t-il encore circulaires sur circulaires pour les entraîner à méconnaître l'esprit de la loi, comme il l'a fait pour les allocations ? Se laisseront-elles influencer par ces circulaires ? Autant de questions graves, inquiétantes et jusqu'à un certain point angoissantes. Il est permis cependant d'espérer de leur pondération et de leur rectitude de jugement des décisions équitables, étant donnée leur composition, mais pour cela il ne faudra pas qu'elles perdent de vue qu'une bienveillance excessive et irraisonnée envers certains locataires pourrait imposer à d'autres citoyens de situation plus modeste des sacrifices injustifiés. Le procès porté devant elles ne s'agitera pas, comme certains ont tenté de le faire croire, entre les locataires et je ne sais quelle ploutocratie, mais bien entre les locataires et la démocratie elle-même.

Si les Commissions arbitrales abordent leur mission dans cet état d'esprit, elles feront œuvre de saine justice. Si, au contraire, elles épousent dans la moindre mesure l'hostilité des locataires contre les propriétaires, si leur prétoire ne reste par hermétiquement fermé aux bruits et aux suggestions du dehors, ce n'est pas seulement le Trésor public qui pâtira de générosités facilement consenties, c'est une partie de la nation, la partie la plus laborieuse, la plus économe et la plus intéressante qui en supportera le contre-coup.

Cependant, les Commissions arbitrales ont fonctionné et ont jugé ; elles ont sainement apprécié la situation de chacun des réclamants ; elles ont accordé des exonérations. Voilà les propriétaires privés de leurs revenus, voilà le gage des créanciers hypothécaires disparu en partie. Va-t-on les laisser se débattre seuls, propriétaires et créanciers, contre la situation qui leur est ainsi faite ? Cette situation peut devenir, pour certains d'entre eux, inextricable, l'équilibre peut être détruit entre les rentrées escomptées par le Crédit Foncier et les paiements ou remboursements promis aux obligataires ; les Compagnies d'assurances et les Sociétés de capitalisation peuvent se voir empêchées de servir les rentes acquises ou de verser les capitaux dus à leurs assurés. C'est une nouvelle crise qui s'annonce. Les pouvoirs publics vont-ils la voir se préparer sans s'en montrer émus ? Vont-ils en contempler le développement en témoins indifférents ? Cette inaction serait manifestement inadmissible et coupable. Le Gouvernement nous a d'ailleurs déjà partiellement rassurés à cet égard lorsqu'il a accepté le principe de l'indemnité.

Malheureusement, après en avoir accepté le principe, il semble s'être ingénié à en restreindre l'application. Sans doute il se heurte à deux difficultés graves, l'une purement politique et l'autre financière.

A la Chambre des députés, le principe même de l'indemnité aux propriétaires est encore fortement contesté. Le parti socialiste le repousse avec énergie et il a entraîné avec lui un certain nombre de députés qu'il eût été certainement facile de convaincre, si l'on s'y était appliqué de suite, mais qu'il est plus difficile de ramener maintenant qu'ils ont émis un vote contraire. Malgré le vote unanime du Sénat, qui pèsera bien d'un poids sur les esprits non complètement prévenus, le Gouvernement va avoir un gros effort à faire au cours de la seconde délibération de la Chambre des députés, mais il doit réussir et il réussira s'il y apporte l'énergie nécessaire.

A ceux qui refusent toute indemnité aux propriétaires parce que ce serait leur faire une situation privilégiée au regard de tous les autres citoyens qui ont éprouvé des pertes du fait de la guerre, n'y-a-t-il pas une réponse facile à faire en rappelant que contre les propriétaires la puissance publique est intervenue pour leur enlever les droits qu'ils tenaient du Code civil, alors que les pertes subies par les autres citoyens ne peuvent être imputées qu'à des circonstances particulières que le Gouvernement n'a pas créées, qu'il a subies lui-même et auxquelles il est resté complètement étranger ? Et puis un argument de fait domine tous les autres : le refus d'indemnité n'aurait-il pas, comme le dit si bien M. Aimond dans son rapport au nom de la Commission sénatoriale des

finances, des conséquences plus graves que l'ins-
cription au budget du montant de ces indemnités,
même en le supposant élevé ?

Ici, la discussion peut se poursuivre sur le terrain
financier et c'est la seconde difficulté contre laquelle
se débat le Gouvernement. A quel chiffre s'élèveront
les indemnités à verser aux propriétaires ? Nul ne le
sait et cet inconnu est par lui-même inquiétant, cela
n'est pas douteux. Mais pour réaliser une économie
immédiate de quelques millions, est-il sage de compromettre la rentrée future des impôts annuels et le Trésor public n'en serait-il pas, en fin de compte, plus
gravement atteint ?

Voilà encore à quoi il importe de bien réfléchir. Le
Sénat a limité à 50 0/0 du montant des exonérations
prononcées par la loi l'indemnité à verser aux propriétaires. L'honorable rapporteur, M. Henry Chéron, a
tenté de justifier cette limitation et il a risqué une distinction qu'il prétendait juridique entre les exonérations de droit et celles qui seront prononcées par les
Commissions arbitrales.

Efforts superflus, il me permettra de le lui dire ami-
calement : il n'a convaincu personne. La vérité est que
cette limitation à 50 0/0 ne résulte que d'un compromis
sans bases certaines, d'un caractère bien plus politique
que juridique.

La logique aurait dû imposer à la Haute Assemblée
l'allocation de l'indemnité à tous les propriétaires sans
exception que les décrets de moratorium ou la loi en
préparation ont privés ou priveront de leurs loyers,
sous la seule déduction de la quotité qu'ils auraient
probablement perdue sans l'intervention de l'Etat par
suite de l'insolvabilité de certains locataires. Est-il trop
tard pour réclamer cette extension qui ne serait d'ailleurs qu'un simple acte de justice ? Je ne puis m'em-
pêcher de le craindre, mais cette crainte ne saurait me
détourner de produire ici une réclamation justifiée.

L'indemnité insuffisante, parce qu'arbitrairement
limitée, ne suffira pas à permettre l'exécution des engagements pris envers les gens modestes en faveur des-

quels ces notes ont été écrites. Malgré la bonne volonté du Sénat, les petits épargnants sont encore menacés dans une certaine mesure.

« Il est essentiel d'observer, comme le dit justement M. Ignace dans son rapport, que la perte à subir du fait des exonérations incombera justement à ceux des propriétaires qui sont le moins en état de la supporter ; nous désignons ainsi les petits propriétaires ; ceux-là aussi peuvent justement invoquer les principes de justice et de solidarité sociales. »

C'est bien ainsi que le problème se pose et, encore une fois, en terminant, je supplie qu'on y réfléchisse : la question des loyers n'intéresse pas uniquement une catégorie de citoyens privilégiés de la fortune, mais la masse des gens qui travaillent et qui économisent, c'est-à-dire la laborieuse et saine démocratie.

Société Française d'Imprimerie (L. Cadot, Directeur),
12, rue de la Grange-Batelière, Paris.